Rhenas Kochbücher

VEGAN

Low Budget

20 EINFACHE UND LECKERE VEGANE REZEPTE ZUM NACHKOCHEN UND GENIEẞEN

-

AUCH FÜR DEN KLEINEN GELDBEUTEL GEEIGNET.

1. Auflage

DIE AUTORIN:
RHENA LISSY

Vorwort

„...DAMIT JEDER SICH'S LEISTEN KANN, WAS ICH SAG UND NICHT BLOß DEIN ARZT!"

So ging eine Zeile eines Songs von Curse und Gentleman. Irgendwie hatte ich diese Zeile immer wieder in meinen Ohren, als ich mein Kochbuch schrieb.

Viel zu oft schon habe ich diesen Satz gehört:

„Aber vegan kochen ist doch so teuer! Und anstrengend obendrein." Ich stelle mir dabei die Frage, ob man sich außschließlich von Chiasamen, fertigen Sojasteaks, exotischen importierten Früchten, Mandelmus und Blattgold ernähren muss. Dabei gibt es doch eine riesige Vielfalt an preiswertem Obst und Gemüse, Tofu, Tempeh und Getreideprodukten.

Dieses Buch ist für jeden gedacht, der einfach und günstig vegan kochen möchte. Die Zutaten, die ich verwende sind nicht ausgefallen, man findet sie eher in jedem Supermarkt, oder im Bioladen um die Ecke. Ich möchte, dass auch Menschen mit niedrigem Einkommen, wie zB. Studenten, täglich vegan und frisch kochen können.

Ich hoffe, ich kann den ein oder anderen mit diesem Buch dazu ermutigen.

Viel Spaß damit, wünscht

Rhena Lissy

INHALT

KARTOFFEL-ROTE BETE-AUFLAUF MIT KOKOSMILCH

10min. | 40min. | 4

Zutaten:

- *400gr Kartoffeln*
- *2 Rote Bete Knollen*
- *1/2 Dose Kokosmilch*
- *500ml Gemüsebrühe*
- *Gewürze nach Belieben*
- *1 Zwiebel*

Zubereitung:

1. Backofen auf 220°C (Ober-Unterhitze) vorheizen. Die Kartoffeln und die rote Beete gründlich waschen und beides mit einem Hobel in dünne Scheiben hobeln.

2. Die Zwiebel in Ringe schneiden und kurz andünsten.

3. Als Flüssigkeit die Gemüsebrühe anrühren und mit der Kokosmilch mischen.

4. In einer Auflaufform Kartoffelscheiben, rote Beete Scheiben, Zwiebelringe und die vermischte Flüssigkeit schichten und für 40min in den Ofen geben.

MARINIERTER TEMPEH AUF COUSCOUS-SALAT

15min. | 30 min. | 2

Zutaten:

- *1 Block Bio-Tempeh*
- *100g Couscous*
- *Petersilie*
- *1 Paprika*
- *Kleine Tomaten*
- *2 TL Olivenöl*
- *1 Knoblauchzehe*
- *1 rote Zwiebel*
- *2 EL Tomatenmark*
- *Rauchsalz*
- *Pfeffer*
- *Kurkuma*
- *1 Zitrone*
- *1 TL Zucker*
- *4 EL Sesam*

Zubereitung:

1. Couscous garen und abkühlen lassen. In einer flachen Dose Tomatenmark, Zitronensaft, 1 TL Olivenöl, Rauchsalz und Zucker miteinander vermengen, Tempeh in dünne Scheiben schneiden und in der Marinade im Kühlschrank durchziehen lassen.

2. Backofen auf 160°C vorheizen. Klein geschnittene Tomaten, Paprika und Avocado mit gehackter Petersilie, 1 TL Olivenöl und Zitronensaft mit dem Couscous in einer Schüssel vermischen und in den Kühlschrank stellen.

3. Tempehscheiben auf Backpapier 20min backen und mit Salat und Sesam servieren. Ideal für warme Tage geeignet!

GEMÜSELASAGNE MIT BECHAMÈL

30min. | 40 min. | 2

Zutaten:

- *4 Lasagneplatten*
- *1 Zucchini*
- *1 Möhre*
- *1/2 Stange Lauch*
- *1 Paprika*
- *1 rote Zwiebel*
- *1 Knoblauchzehe*
- *1/4 Sellerie*
- *Frische Petersilie*
- *1 EL Olivenöl*
- *75ml Gemüsebrühe*
- *1/2 Packung passierte Tomaten*
- *2 EL Margarine*
- *5 EL Mehl*
- *Muskatnuss*
- *400ml Pflanzenmilch*
- *Paprikapulver, Oregano, Salz, Pfeffer, Majoran*

Zubereitung:

1. Backofen auf 180°C vorheizen, Zwiebel und Knoblauch in kleine Stücke schneiden und in einem Topf mit Olivenöl kurz anbraten. Zucchini, Möhre, Paprika und Lauch in Scheibchen schneiden, Sellerie klein schneiden und alles in den Topf geben. Mit 150ml Gemüsebrühe ablöschen, passierte Tomaten hinzugeben, alles kräftig würzen und ca. 5min köcheln lassen.

2. Für die Bechamèl eine Mehlschwitze ansetzen, indem man Margarine in einem Topf zerlässt, Mehl und langsam die Pflanzenmilch hinzugibt, bis die Bechamèl cremig ist. Nun mit Muskatnuss, Salz und Pfeffer abschmecken.

3. Lasagne mit 2 Lagen à 2 Lasagneplatten abwechselnd mit der Gemüsesoße und der Bechamèl schichten und mit Bechamèl oben abschließen. Für 40min in den Ofen geben und mit frischer Petersilie servieren.

GERÖSTETE KÜRBISSUPPE MIT ROSMARIN

15 min. | 60 min. | 4

Zutaten:

- *1 Hokkaido Kürbis*
- *4 Kartoffeln*
- *2 Zwiebeln*
- *4 Knoblauchzehen*
- *1/4 Sellerieknolle*
- *1/2 Dose Kokosmilch*
- *500ml Gemüsebrühe*
- *2 Zweige Rosmarin*
- *100ml Orangensaft*
- *Kurkuma, Salz, Pfeffer, Koriander, Paprikapulver*

Zubereitung:

1. Backofen auf 200°C vorheizen, Kürbis, Kartoffeln, Zwiebeln und Sellerie waschen und in grobe Stücke schneiden. Das Gemüse auf ein Ofengitter mit Backpapier legen, die Knoblauchzehen mit Schale dazulegen und für ca. 50min backen.

2. Gemüse aus dem Ofen holen und in einen großen Topf geben. Knoblauch vorsichtig aus der Schale holen und mit in den Topf geben. Gemüsebrühe darüber schütten und alles mit Rosmarinzweigen 10min köcheln lassen.

3. Nachdem der Rosmarin herausgeholt wurde, wird alles püriert und die Kokosmilch anschließend hinzugegeben. Frischen Kurkuma hinein raspeln, oder Kurkumapulver hinzugeben. Orangensaft und noch etwas Gemüsebrühe hinzugeben, falls die Suppe nicht flüssig genug ist. Alles mit Pfeffer, Salz, Koriander und Paprikapulver abschmecken und servieren.

SCHARFES SÜßKARTOFFELCURRY MIT ORANGE-INGWERNOTE

15 min. | 40 min. | 2

Zutaten:

- *1 große Süßkartoffel*
- *100ml Kokosmilch (Dose)*
- *200ml Reisdrink*
- *1 Bio-Orange*
- *1 Stück frischer Ingwer*
- *Schwarze Bohnen*
- *1 getrocknete Chilischote oder Chiliflocken*
- *1 Frühlingszwiebel*
- *2 TL Öl*
- *Meersalz, Kurkuma*

Zubereitung:

1. Süßkartoffel schälen, in Stücke schneiden und kochen, bis sie gar, aber bissfest ist. Die abgekühlten Stücke und eine klein geschnittene Frühlingszwiebel in einer großen Pfanne in Öl andünsten.

2. Mit Reisdrink ablöschen und Meersalz, Chili, Kurkuma und geraspelten Ingwer hinzugeben und Orangenschale hinein raspeln. Kokosmilch, schwarze Bohnen und Saft aus der frischen Orange hinzugeben - alles 15 min köcheln lassen und servieren.

SPAGHETTI BOLOGNESE À LA RHENA

10 min. | 40 min. | 2

Zutaten:

- *4 EsslöffelÖl*
- *160 Gramm Spaghetti*
- *1 Zwiebel*
- *1 Knoblauchzehe*
- *1 rote Paprika*
- *$\frac{1}{4}$ Knollensellerie*
- *1 Möhre*
- *2 mittelgroße Tomaten*
- *1 Block Räuchertofu*

Zubereitung:

1. Zwiebeln und Knoblauch klein schneiden und in 2 TL Öl anbraten. Klein geschnittene Paprika, Tomaten, Sellerie und Möhre dazugeben und alles andünsten.

2. In einer weiteren Pfanne beide Tofublöcke in 2 TL Öl hinein bröseln und mit Rauchsalz anbraten, bis alles goldbraun und knusprig ist. Das angebratene Gemüse mit stückigen Tomaten ablöschen, würzen und alles ca. 20min köcheln lassen.

3. Spaghetti kochen und den fertigen Tofu zur Bolognese geben. Cashewkerne, Mandeln, Hefeflocken und etwas Salz in einem Mixer klein hacken und mit den Spaghetti und der Bolognese servieren.

AVOCADOSALAT MIT GERÖSTETEN KICHERERBSEN

30 min. 10 min. 2

Zutaten:

- *1 Avocado*
- *1 Zitrone*
- *200g Sojajoghurt*
- *1 Dose Kichererbsen*
- *2 Salatherzen*
- *2 EL Olivenöl*
- *Frischer Majoran*
- *Kleine Tomaten*
- *Paprikapulver, Salz, Pfeffer*

Zubereitung:

1. Salatherzen waschen, klein schneiden und in eine Schüssel geben. Avocado würfeln, Tomaten halbieren und dazugeben.

2. Kichererbsen im Nudelsieb abwaschen und auf einem Küchenpapier trockentupfen. In einer Schüssel mit Öl, Salz, Pfeffer und Paprikapulver vermengen und in einer Pfanne anrösten und nach dem Abkühlen zum Salat geben.

3. Sojajoghurt, abgezupfte Majoranblätter, Salz, Pfeffer und den Saft der Zitrone vermengen und als Dressing verwenden.

PFLAUMENCHUTNEY

10min. | 40min. | 4

Zutaten:

- 400g Pflaumen
- 1 rote Zwiebel
- 1 Apfel
- 1 Stückchen Ingwer
- 1 EL Öl
- Kreuzkümmel
- 1 TL Senf
- 90g Zucker
- 160ml Rotwein
- Salz, Pfeffer
- 1 Chilischote

Zubereitung:

1. Pflaumen, Apfel und Zwiebel in kleine Stücke schneiden und Ingwer und Chili kleinschneiden.
In einem Topf Öl erhitzen und Zwiebeln, Ingwer, Chili und Knoblauch anschwitzen.
Pflaumen, Apfel, Rotwein und Zucker hinzugeben und ca. 25min köcheln lassen, bis der Alkohol verdampft ist. Mit Salz und Pfeffer abschmecken und in einer verschlossenen Tupperdose oder einem Einmachglas auskühlen lassen.

WEIẞE BOHNEN-ROTE LINSEN-BURGER MIT PFLAUMENCHUTNEY

20 min. | 15 min. | 4

Zutaten Burger:

- *1 Dose weiße Bohnen*
- *100gr rote Linsen*
- *1 Bund Petersilie*
- *4 EL Öl*
- *2 TL Gemüsebrühe*
- *2 EL Sojamehl*
- *Salz, Pfeffer, Paprikapulver, Kreuzkümmel*
- *4 Burgerbrötchen*
- *Salatblätter*
- *1 Knoblauchzehe*
- *4 EL Mehl*
- *4 EL vegane Mayonaise*
- *1 große Tomate*

Zubereitung:

1. Gegarte rote Linsen und weiße Bohnen in einer Schüssel zerstampfen, oder in den Mixer geben. Kleingeschnittene Petersilie, Sojamehl, Salz, Pfeffer, Paprikapulver und gepressten Knoblauch hinzugeben, alles gut miteinander verkneten und 4 flache Patties formen. Mit Mehl bestäuben, damit die Patties nicht kleben. Jeweils 2 EL Öl in eine Pfanne geben und 2 Patties darin braten. Tipp: Erst kurz auf hoher Stufe, danach auf niedriger Stufe braten, bis sie goldbraun sind.

2. Die Innenseite der Burgerbrötchen kurz anrösten und mit jeweils 1 EL veganer Mayonaise bestreichen, ein Salatblatt und eine große dünne Tomatenscheibe darauflegen, 1 EL Pflaumenchutney darauf geben und mit dem oberen Brötchen abdecken und servieren.

KICHERERBSEN-SPINAT-CURRY MIT ERDNUSSBUTTER

10 min. | 30 min. | 2

Zutaten:

- *100g Reis*
- *300ml Sojadrink*
- *1 Dose Kichererbsen*
- *1 EL Öl*
- *2 EL Erdnussbutter*
- *2 EL BBQ-Sauce*
- *1/2 TL Zucker*
- *1 Block Naturtofu*
- *2 Zwiebeln*
- *2 Knoblauchzehen*
- *1/2 Packung Babyspinat / frischer Spinat*
- *1 EL gelbe Currypaste*
- *Salz, Pfeffer, Rosmarin, ThaiCurrypulver, Koriander, Kurkuma, Kreuzkümmel, Paprikapulver*

Zubereitung:

1. Tofu abtrocknen, halbieren und mit BBQ-Sauce einreiben. In den auf 200°C vorgeheizten Backofen legen und ca. 15-20min backen. Inzwischen 100g Reis kochen.

2. Öl und Zucker in die Pfanne geben und gewürfelte Zwiebeln ca. 5min karamellisieren.
Kichererbsen, Currypaste und Gewürze hinzugeben und etwas köcheln lassen, mit Sojadrink ablöschen und Erdnussbutter und Knoblauch hinzugeben.
Spinat nach und nach hinzugeben und einfallen lassen.

3. Den fertigen Tofu aus dem Ofen holen, in Streifen schneiden und mit Reis und Curry servieren.

GEFÜLLTE PAPRIKA MIT BLUMENKOHL

10 min. | 50 min. | 4

Zutaten:

- *4 rote Paprika*
- *1 Block Räuchertofu*
- *1 Block Naturtofu*
- *2 Zwiebeln*
- *1 Knoblauchzehe*
- *1 Blumenkohl*
- *1 EL Olivenöl*
- *1 TL Zucker*
- *2 TL Gemüsebrühepulver*
- *1 Packung passierte Tomaten*
- *1 Dose Kidneybohnen*
- *80ml Wasser*
- *2 EL Sojasauce*
- *Gewürze nach Belieben*
- *30g Bulgur*

Zubereitung:

1. Backofen auf 200°C vorheizen. Zwiebeln, Tofu und Knoblauch in kleine Würfel schneiden. Olivenöl und Zucker in einer Pfanne erhitzen und die Zwiebeln in der Pfanne karamellisieren. Dann die restlichen gewürfelten Zutaten nacheinander in die Pfanne geben und anbraten.
Mit Wasser und Sojasauce ablöschen.

2. Flüssigkeit aus Gemüsebrühepulver, passierten Tomaten, Bulgur und Lieblingsgewürzen anrühren und in eine Auflaufform geben. Paprikastiele abschneiden, Paprika aushöhlen und in die Auflaufform stellen. 20min backen.

3. Blumenkohl klein schneiden und würzen. Auflaufform aus dem Backofen holen, Paprika mit angebratenen Zutaten befüllen, Blumenkohl um die Paprika herum legen und noch mal für 20min backen.

NUDEL-BROKKOLI-PETERSILIENWURZELAUFLAUF

15 min. | 35 min. | 4

Zutaten:

- *120g Fussili*
- *1 EL Olivenöl*
- *Salz, Pfeffer, Liebstöckel oder Petersilie*
- *200g kleine Tomaten*
- *300g Petersilienwurzel*
- *1 rote Zwiebel*
- *400ml Hafersahne*

Zubereitung:

1. Backofen auf 180°C vorheizen. Fussili kochen und Tomaten, Zwiebel und Petersilienwurzel in kleine Würfel schneiden und in Öl mit Salz und Pfeffer anbraten.

2. In einer Auflaufform Fussili mit dem gebratenen Gemüse, fein gehacktem Liebstöckel, oder gehackter Petersilie und der Hafersahne vermengen.
Veganen „Käse“ darüberstreuen und für ca. 25 min backen.

OFENGEMÜSE MIT VEGANEM HACK

10 min. | 45 min. | 2

Zutaten:

- *300g Kartoffeln*
- *1 Packung veganes Hack*
- *1 Paprika*
- *1 rote Zwiebel*
- *2 TL Olivenöl*
- *Kreuzkümmel, Thymian, Oregano, Salz, Pfeffer*
- *Rosmarin*

Zubereitung:

1. Backofen auf 200°C vorheizen. Kartoffeln, Paprika und Zwiebel in Spalten schneiden und mit Gewürzen, 1 TL Öl und Rosmarin in einer relativ flachen Auflaufform vermengen und ca. 30min backen.

2. Anschließend das vegane Hack mit Gemüsebrühe, 1 TL Öl und etwas Pfeffer vermengen, über dem Gemüse verteilen und noch mal 15min backen.

ROSMARIN-POTATOWEDGES AN MARINIERTEM TOFU

10min. | 40min. | 4

Zutaten:

- 400g mittelgroße Kartoffeln
- Frischer Rosmarin
- 2 Blöcke Naturtofu
- 2 EL Tomatenmark
- 1 EL Agavendicksaft
- 2 EL Olivenöl
- 1 TL Öl
- Frische Petersilie
- 1 EL BBQ Sauce

Zubereitung:

1. Backofen auf 220°C vorheizen und Tofu in Scheiben schneiden. Für die Marinade 1 EL Olivenöl, klein gehackte Petersilie, Tomatenmark, BBQ-Sauce, Agavendicksaft und einen Schluck Wasser vermengen und mit etwas Salz und Pfeffer würzen. In einer Dose den Tofu für mind. eine Stunde in die Marinade einlegen.

2. Kartoffeln achteln, mit 1 EL Olivenöl, Salz, Pfeffer und Rosmarin vermengen und auf einem Backblech verteilen und 40 Minuten backen. In der Zwischenzeit den marinierten Tofu in 1 TL Öl anbraten. Alles zusammen servieren.

PAPRIKARISOTTO MIT GERÖSTETEN MANDELSPLITTERN

10min. | 30min. | 2

Zutaten:

- *2 Paprika*
- *160g Reis*
- *100g Mandelsplitter*
- *4 TL Öl*
- *1 Packung passierte Tomaten*
- *Paprikapulver, Pfeffer, Salz, Hefeflocken*
- *1 EL Tomatenmark*
- *Schluck Weißwein*
- *Frische Minze*

Zubereitung:

1. Reis garen und Paprika klein schneiden. 2 TL Öl in einer großen Pfanne erhitzen, Paprika kurz anrösten, Reis hineingeben und mit Paprikapulver, Salz, Pfeffer und Hefeflocken würzig anbraten. Mit Weißwein ablöschen und passierte Tomaten und Tomatenmark hinzugeben und ca. 10min köcheln lassen.

2. In eine kleine Pfanne 2 TL Öl geben und Mandelsplitter kurz anrösten. Risotto mit frischer Minze und Mandelsplittern servieren.

CHAMPIGNON-BLÄTTERTEIGTASCHEN

10 min. 40 min. 2

Zutaten:

- *300g Champignons*
- *1 Zwiebel*
- *1 Block Naturtofu*
- *2 Knoblauchzehen*
- *1 Packung Blätterteig*
- *Salz, Pfeffer, Majoran*
- *1 Becher Creme Vega*

Zubereitung:

1. Champignons, Zwiebeln, Knoblauch und Tofu in kleine Würfel schneiden, Öl und Zucker in einer Pfanne erhitzen und Zwiebeln in der Pfanne karamellisieren. Champignons, Knoblauch und Tofu nacheinander in die Pfanne geben.
Mit Pfeffer, Salz und Majoran abschmecken.
Nun ca. 10 min auf mittlerer Stufe braten und gelegentlich umrühren.

2. Backofen auf 180°C vorheizen. Währenddessen den Blätterteig ausrollen und in 8 Rechtecke schneiden. Creme Vega zu den gebratenen Zutaten geben und gut vermischen.
Die Masse auf 4 Rechtecke mittig verteilen. Die anderen Rechtecke dienen als Deckel. Die Blätterteigtaschen gut an den Rändern mit einer Gabel zusammendrücken und mittig quer einschneiden. Wer möchte kann sie mit etwas Pflanzenmilch bestreichen. Nun kommen die Blätterteigtaschen für ca. 20 Minuten in den Backofen. Nach dem Backen auskühlen lassen.

CHILI SIN CARNE

10 min. | 40 min. | 4

Zutaten:

- *1 Dose Kidneybohnen*
- *1 Dose Mais*
- *2 Zwiebeln*
- *1 Knoblauchzehe*
- *1 Packung passierte Tomaten*
- *1 EL Olivenöl*
- *1 Chilischote*
- *Pfeffer, Salz, Basilikum*
- *2 Blöcke Räuchertofu*

Zubereitung:

1. Zwiebeln und Knoblauch klein schneiden. Öl in einem Topf erhitzen, Zwiebeln und Knoblauch in den Topf geben und andünsten, bis die Zwiebeln glasig sind.

2. Währenddessen Mais und Kidneybohnen abwaschen. Gewürfelten Räuchertofu in den Topf geben und ca. 5 min mit anbraten. Mais und Kidneybohnen dazugeben und mit Salz, Pfeffer und Basilikum würzen.

3. Mit passierten Tomaten ablöschen, kleingehackte Chili je nach gewünschtem Schärfegrad hinzugeben und das Chili sin Carne für etwa 20min weiterköcheln lassen.

GEBRATENE MIE-NUDELN MIT BANANENCURRYSAUCE

10 min. | 40 min. | 4

Zutaten:

- *1 Banane*
- *1/2 Dose Kokosmilch*
- *1 Block Naturtofu*
- *140g Mie-Nudeln*
- *1 Zwiebel*
- *Currypulver, Salz, Kreuzkümmel, Koriander*
- *1 Dose Kichererbsen*
- *1 EL Öl*
- *Chiliflocken*

Zubereitung:

1. Zwiebel würfeln und in einer beschichteten Pfanne in Öl anbraten. Tofu grob zerkrümelt hinzufügen. Banane in dünne Scheiben schneiden und mit den Kichererbsen in die Pfanne geben.

2. Mie-Nudeln in der Mitte der Pfanne anbraten und anschließend mit etwas Wasser ablöschen. Gewürze dazugeben, köcheln lassen, bis die Flüssigkeit verdampft ist. Zum Schluss die Kokosmilch hinzugeben und noch ca. 5min köcheln lassen. Mit Chiliflocken servieren.

BROKKOLI-CREMESUPPE

10 min. | 30 min. | 4

Zutaten:

- *1 Brokkoli*
- *vegane „Sahne"*
- *200ml Gemüsebrühe*
- *Salz, Pfeffer, Muskat*
- *200g Kartfoffeln*
- *2 Zwiebeln*
- *1 EL Olivenöl*

Zubereitung:

1. Brokkoli und Kartoffeln klein schneiden und in Salzwasser garen.

2. In einer Pfanne klein geschnittene Zwiebeln in Öl anrösten.

3. Brokkoli und Kartoffeln abschütten und den Topf mit Gemüsebrühe und veganer Sahne auffüllen.
Alles pürieren, anschließend die gerösteten Zwiebeln hinzugeben und die Suppe mit Gewürzen abschmecken.
Auf Wunsch mit Petersilie garnieren.

STECKRÜBENPOMMES MIT CREMEVEGA-DIP

10 min. | 40 min. | 2

Zutaten:

- *1 Steckrübe*
- *Creme Vega*
- *1 Limette*
- *Meersalz, Pfeffer*
- *1 EL Öl*
- *1 TL Agavendicksaft*

Zubereitung:

1. Backofen auf 200°C vorheizen. Steckrübe in Stifte schneiden, mit Öl, Meersalz und Pfeffer einreiben, auf einem Backblech verteilen und 40min backen. Nach 20min der Backzeit einen Holzlöffel in die Ofentür klemmen, damit die Feuchtigkeit entfliehen kann und die Pommes knusprig werden.

2. Creme Vega mit dem Saft der Limette, Meersalz, Pfeffer, Agavendicksaft und frisch geschnittenem Majoran vermengen und zu den Pommes servieren.

DU FINDEST MICH AUCH AUF:

YouTube

Rhena

WWW.YOUTUBE.COM/USER/RHENALISSY

IMPRESSUM

rhenas.kochbücher

Rhenas Kochbücher

rhenas.kochbuecher@gmail.com

Ich habe alle Rezepte selbst entwickelt und alle Fotos selbst geschossen und bearbeitet.

Rhena Lissy
Stakenholt 59
45356 Essen
Deutschland

Printed in Poland
by Amazon Fulfillment
Poland Sp. z o.o., Wrocław

69288376R00030